God Jul: Bilingual Swedish-English Christmas Stories for Children

Coledown Bilingual Books

Published by Coledown Bilingual Books, 2023.

While every precaution has been taken in the preparation of this book, the publisher assumes no responsibility for errors or omissions, or for damages resulting from the use of the information contained herein.

GOD JUL: BILINGUAL SWEDISH-ENGLISH CHRISTMAS STORIES FOR CHILDREN

First edition. October 29, 2023.

Copyright © 2023 Coledown Bilingual Books.

ISBN: 979-8223278054

Written by Coledown Bilingual Books.

Table of Contents

God Jul 1

Merry Christmas 3

Julklappsjakten i Snölandet 5

The Christmas Gift Hunt in Snowland 7

Stjärnans Magiska Jul 9

The Magical Christmas Star 11

Nisses Juläventyr 13

Nisse's Christmas Adventure 15

Jul i Gnistrande Skogen 17

Christmas in the Glistening Forest 19

Nisse och Stjärnan som Ville Tända Hela Himlen 21

Nisse and the Star That Wanted to Light Up the Whole Sky ..23

Lilla Musses Magiska Jul 25

Little Mouse's Magical Christmas 27

Granen som Ville Göra Julen Speciell 29

The Tree That Wanted to Make Christmas Special 31

Den Magiska Stjärnan som Räddade Julen 33

The Magical Star that Saved Christmas 35

Lilla Linas Stora Stund 37

Little Lina's Grand Moment...39

Lilla Tomtes Julräddning i Stockholm 41

Little Tomte's Christmas Rescue in Stockholm........................43

Niklas Nalles Juläventyr...45

Teddy Bear Niklas's Christmas Adventure 47

Rudolfs Juläventyr 49

Rudolph's Christmas Adventure...51

Katten Kalle och Julens Stora Hemlighet.................................53

Charlie the Cat and the Great Christmas Secret 55

God Jul

Det var en gång en liten tomte som hette Tumle. Tumle bodde i en snötäckt skog, där granarna glittrade av frost. Han älskade julen mer än något annat i hela världen. Tumle var alltid glad och sprallig, och han hade en speciell förmåga – han kunde prata med djuren.

En kall vintermorgon vaknade Tumle upp med ett stort leende på läpparna. Han visste att det var dags för den årliga julparaden. Tumle sprang ut ur sitt lilla tomteland och började klä på sig sitt röda tomtedräkt.

Medan han traskade genom skogen, mötte han många av sina djurvänner. Först träffade han en hare som hette Hoppsan. "Hej, Hoppsan! Är du redo för julparaden?" frågade Tumle. Hoppsan nickade och hoppade upp och ner av glädje.

Sedan kom han till en ekorre som hette Ekorre. "Hej, Ekorre! Ska du vara med i julparaden i år?" frågade Tumle. Ekorre nickade och sa, "Självklart, Tumle! Jag har övat på att balansera på min svans."

Tumle gick vidare och stötte på en uggla som hette Ugglis. "Hej, Ugglis! Ska du sjunga julsånger under paraden?" frågade Tumle. Ugglis nickade och sa, "Absolut, Tumle! Jag har övat på mina sångövningar hela natten."

När Tumle och hans vänner äntligen kom till byn, var det en festlig stämning överallt. Barnen skrattade och spelade, och husen var smyckade med färgglada julljus. Tomten själv var där, och han kramade Tumle och tackade honom för att han alltid spred glädje.

Julparaden började, och Tumle, Hoppsan, Ekorre, och Ugglis gick stolt längs gatorna. Tumle vinkade till barnen, och de skrattade och klappade händerna. Ugglis sjöng vackra julsånger, och Ekorre balanserade på sin svans, vilket fick alla att skratta.

När paraden nådde torget, tände Tumle den stora julgranen, och det var som om hela världen lyste upp av glädje. Barnen dansade runt granen och sjöng julsånger medan snön sakta föll från himlen.

Efter paraden gick Tumle och hans vänner tillbaka till skogen. De kände sig trötta men lyckliga. "Det här var den bästa julparaden någonsin!" sa Hoppsan. Alla höll med och skrattade tillsammans.

Tumle visste att julen handlade om att sprida glädje och kärlek till alla, och det var det bästa av allt. Han sa adjö till sina djurvänner och gick tillbaka till sitt lilla tomteland, redo för nästa års juläventyr.

God jul och gott nytt år önskar Tumle och alla hans vänner!

Merry Christmas

Once upon a time, there was a little gnome named Tumle. Tumle lived in a snow-covered forest, where the spruce trees glistened with frost. He loved Christmas more than anything else in the world. Tumle was always cheerful and sprightly, and he had a special ability - he could talk to animals.

One cold winter morning, Tumle woke up with a big smile on his face. He knew it was time for the annual Christmas parade. Tumle rushed out of his little gnome house and began to put on his red gnome suit.

As he strolled through the forest, he encountered many of his animal friends. First, he met a rabbit named Hoppsan. "Hi, Hoppsan! Are you ready for the Christmas parade?" Tumle asked. Hoppsan nodded and hopped up and down with joy.

Next, he came across a squirrel named Ekorre. "Hello, Ekorre! Are you going to be in the Christmas parade this year?" Tumle asked. Ekorre nodded and said, "Of course, Tumle! I've been practicing balancing on my tail."

Tumle continued and met an owl named Ugglis. "Hello, Ugglis! Are you going to sing Christmas carols during the parade?" Tumle asked. Ugglis nodded and said, "Absolutely, Tumle! I've been practicing my singing exercises all night."

When Tumle and his friends finally arrived in the village, there was a festive atmosphere everywhere. Children laughed and played, and the houses were decorated with colorful Christmas lights. Santa himself was there, and he hugged Tumle and thanked him for always spreading joy.

The Christmas parade began, and Tumle, Hoppsan, Ekorre, and Ugglis walked proudly along the streets. Tumle waved to the children, and they laughed and clapped their hands. Ugglis sang beautiful Christmas carols, and Ekorre balanced on his tail, making everyone laugh.

When the parade reached the square, Tumle lit the big Christmas tree, and it was as if the whole world lit up with joy. Children danced around the tree and sang Christmas carols while the snow slowly fell from the sky.

After the parade, Tumle and his friends returned to the forest. They felt tired but happy. "This was the best Christmas parade ever!" Hoppsan said. Everyone agreed and laughed together.

Tumle knew that Christmas was about spreading joy and love to all, and that was the best part of it all. He said goodbye to his animal friends and went back to his little gnome house, ready for next year's Christmas adventure.

Merry Christmas and a Happy New Year from Tumle and all his friends!

Julklappsjakten i Snölandet

Det var en gång i Snölandet, en magisk plats där vintern var alltid vit och gnistrande. Där bodde två små vänner, Leo och Lina. De älskade julen och snön, och de längtade efter att öppna sina julklappar.

Julen närmade sig, och Leo och Lina kunde knappt vänta. De hade hört att Tomten hade gömt julklappar över hela Snölandet, och de bestämde sig för att ge sig ut på en spännande jaktfärd.

Tidigt på julaftons morgon klädde de på sig sina varma overaller och tog med sig en karta som Tomten hade lämnat åt dem. På kartan fanns ledtrådar som skulle leda dem till de gömda julklapparna.

Den första ledtråden på kartan visade en bild av en glittrande stjärna som lyste ovanför en stor gran. Leo och Lina tittade upp mot himlen och följde stjärnan till granen. Där hittade de en glittrande guldpresent gömd bland grenarna.

De öppnade presenten och fann de mest underbara julklappar – varma vantar och sockor som skulle hålla dem varma under hela vintern. De tackade glatt Tomten och fortsatte på sin jakt.

Nästa ledtråd på kartan visade en bild av en snögubbe med en morotsnäsa. Leo och Lina skrattade och följde ledtråden till en snögubbe i trädgården. Bakom snögubben gömde sig en röd present med en glänsande snöstjärna på.

De öppnade presenten och fann glittrande julgranskulor som skulle få deras gran att gnistra ännu mer. De var så glada över det och tackade Tomten för den fina gåvan.

De fortsatte sin jakt och hittade fler ledtrådar som ledde dem till gömda julklappar. De fann en present gömd bakom en frostig buske, en annan under en snöhög, och till och med en i en snöhåla. Varje gång de öppnade en present, fann de något fantastiskt och användbart.

När de hade hittat alla julklapparna på kartan, kom de tillbaka till sitt hem i Snölandet, där granen stod redo att pyntas. De öppnade alla julklappar och hade den mest magiska julen någonsin.

Tomten hade gett dem inte bara presenter utan också en dag fylld av äventyr och skattjakt. Leo och Lina somnade den kvällen med stora leenden på sina ansikten, glada över att de hade upplevt den mest minnesvärda julen i Snölandet.

God jul och gott nytt år önskar Leo, Lina och alla i Snölandet!

The Christmas Gift Hunt in Snowland

Once upon a time in Snowland, a magical place where winter was always white and sparkling, lived two little friends, Leo and Lina. They loved Christmas and the snow, and they couldn't wait to open their Christmas presents.

Christmas was approaching, and Leo and Lina could hardly wait. They had heard that Santa had hidden gifts all over Snowland, and they decided to embark on an exciting treasure hunt.

Early on Christmas Eve morning, they put on their warm snowsuits and took a map that Santa had left for them. The map had clues that would lead them to the hidden gifts.

The first clue on the map showed a picture of a glittering star shining above a tall tree. Leo and Lina looked up at the sky and followed the star to the tree. There, they found a sparkling golden present hidden among the branches.

They opened the gift and found the most wonderful Christmas presents - warm mittens and socks that would keep them cozy throughout the winter. They happily thanked Santa and continued on their quest.

The next clue on the map showed a picture of a snowman with a carrot nose. Leo and Lina laughed and followed the clue to a snowman in the garden. Behind the snowman, they found a red present with a shiny snowflake on it.

They opened the gift and found glittering Christmas ornaments that would make their tree sparkle even more. They were so delighted and thanked Santa for the lovely gift.

They continued their hunt and found more clues that led them to hidden presents. They found a gift hidden behind a frosty bush, another under a snowdrift, and even one in a snowdrift. Every time they opened a present, they found something fantastic and useful.

When they had found all the presents on the map, they returned to their home in Snowland, where the Christmas tree was ready to be decorated. They opened all the presents and had the most magical Christmas.

Santa had given them not only gifts but also a day filled with adventure and treasure hunting. Leo and Lina fell asleep that night with big smiles on their faces, happy to have experienced the most memorable Christmas in Snowland.

Merry Christmas and a Happy New Year from Leo, Lina, and everyone in Snowland!

Stjärnans Magiska Jul

Det var en gång en liten stjärna som bodde högt upp på himlen. Stjärnan var liten, men den hade en dröm - att få lysa extra starkt på julen och sprida glädje till alla på jorden. Stjärnan längtade efter att vara en del av julaftonens magi.

En vacker vinterdag började stjärnan sin resa ner till jorden. Den sjönk sakta ner genom den mörka natten och såg allt glitter och glans på jorden. Stjärnan visste att den hade kommit till rätt plats.

Stjärnan landade försiktigt i en tät granskog. Där träffade den en liten ekorre som hette Nisse. Nisse hade tappat bort sitt förråd med nötter och var ledsen. Stjärnan log vänligt och började lysa starkare. Dess ljus hjälpte Nisse att hitta alla sina nötter, och han tackade stjärnan med ett stort leende.

Stjärnan fortsatte sin resa och kom till en gammal bondgård. Där mötte den en kattunge som hette Maja. Maja hade klättrat högt upp i en trädgren men vågade inte klättra ner. Stjärnan lyste upp trädet så att Maja kunde se vägen ner. Maja var tacksam och kramade stjärnan försiktigt.

Stjärnan gick vidare och kom till en by där alla förberedde sig för julafton. Där mötte den två syskon, Lina och Lucas. De hade tappat bort sin julklapp till sin mormor. Stjärnan hjälpte dem att hitta den gömda julklappen, och barnen skrattade och tackade stjärnan.

När natten föll över byn, visste stjärnan att det var dags att återvända till himlen. Den steg uppåt och blinkade ett sista leende till jorden. Stjärnan visste att den hade spridit glädje och hjälpt de som behövde det.

På julafton sken stjärnan extra starkt på himlen och skapade den vackraste stjärnhimlen någonsin. Människor över hela världen såg stjärnan och kände att julen var full av magi och kärlek.

The Magical Christmas Star

Once upon a time, there was a little star that lived high up in the sky. The star was small, but it had a dream - to shine extra brightly on Christmas and spread joy to everyone on Earth. The star longed to be a part of Christmas Eve's magic.

One beautiful winter day, the star began its journey down to Earth. It descended slowly through the dark night, witnessing all the glimmer and glow on Earth. The star knew it had arrived at the right place.

The star landed gently in a dense fir forest. There, it met a little squirrel named Nisse. Nisse had lost his stash of nuts and was feeling sad. The star smiled kindly and began to shine brighter. Its light helped Nisse find all his nuts, and he thanked the star with a big smile.

The star continued its journey and arrived at an old farmhouse. There, it met a kitten named Maja. Maja had climbed high up a tree branch but was too scared to climb down. The star illuminated the tree so Maja could find her way down. Maja was grateful and hugged the star gently.

The star moved on and arrived in a village where everyone was preparing for Christmas Eve. There, it met two siblings, Lina and Lucas. They had lost their Christmas present for their grandmother. The star helped them find the hidden gift, and the children laughed and thanked the star.

As night fell over the village, the star knew it was time to return to the sky. It ascended upward and flashed one last smile at Earth. The star knew it had brought joy and had helped those in need.

On Christmas Eve, the star shone especially brightly in the sky, creating the most beautiful starry night. People all over the world saw the star and felt that Christmas was full of magic and love.

Nisses Juläventyr

———

Det var en kall vinterkväll i den lilla staden. Snön föll tätt, och alla var hemma med sina familjer och förberedde sig för julen. Men i den lilla bokhandeln på hörnet av huvudgatan låg en ensam nallebjörn vid namn Nisse. Nisse längtade efter att få uppleva en riktig jul.

Nisse satt i det öppna fönstret och tittade ut på de gnistrande gatlyktorna. Han såg barnen leka i snön och de vackra julljusen som hängde överallt. Nisse önskade att han kunde vara med och dela julglädjen.

Plötsligt hörde Nisse ett svagt klingande skratt. Det lät som om det kom från bokhandeln. Han tittade sig omkring och märkte att det var en bok som låg öppen på hyllan. När han tittade närmare, upptäckte han att boken var magisk och hade öppnat sig själv.

Nisse bläddrade i boken och snart försvann han in i en förtrollande värld. Han befann sig plötsligt i en snötäckt skog, omgiven av leende djur och skrattande barn. Han var nu en del av sitt eget juläventyr.

Nisse spelade i snön med barnen, hjälpte till att bygga en snögubbe och åkte kälke nerför en kulle. Han skrattade och hade så roligt som han aldrig tidigare upplevt. Det var en magisk jul!

Efter en hel dag med lek och skoj i skogen, återvände Nisse till boken i bokhandeln. Han kände sig varm och lycklig inuti. Nisse visste att han nu hade upplevt en riktig jul, fylld med glädje och värme.

När julafton äntligen kom, var Nisse inte ensam längre. Barnen som hade lekt med honom i skogen kom till bokhandeln och köpte honom. De tog med sig Nisse hem, där han fick vara en del av deras familj och fira en underbar jul tillsammans.

God jul och gott nytt år önskar Nisse och hans nya familj!

Nisse's Christmas Adventure

It was a cold winter evening in the small town. Snow was falling heavily, and everyone was at home with their families, getting ready for Christmas. But in the little bookstore on the corner of the main street, there lay a lonely teddy bear named Nisse. Nisse longed to experience a real Christmas.

Nisse sat in the open window and gazed at the glistening streetlights. He watched the children playing in the snow and the beautiful Christmas lights everywhere. Nisse wished he could be a part of the joyous holiday.

Suddenly, Nisse heard faint, tinkling laughter. It sounded as if it was coming from the bookstore. He looked around and noticed that a book lay open on the shelf. When he took a closer look, he discovered that the book was magical and had opened itself.

Nisse flipped through the pages, and soon, he found himself in an enchanting world. He was suddenly in a snow-covered forest, surrounded by smiling animals and laughing children. He was now a part of his own Christmas adventure.

Nisse played in the snow with the children, helped build a snowman, and went sledding down a hill. He laughed and had so much fun as he had never experienced before. It was a magical Christmas!

After a whole day of play and fun in the forest, Nisse returned to the book in the bookstore. He felt warm and happy inside. Nisse knew that he had now experienced a real Christmas, filled with joy and warmth.

When Christmas Eve finally arrived, Nisse was no longer alone. The children who had played with him in the forest came to the bookstore and bought him. They took Nisse home, where he became a part of their family and celebrated a wonderful Christmas together.

Merry Christmas and a Happy New Year from Nisse and his new family!

Jul i Gnistrande Skogen

Det var en gång en gnistrande skog där träden var klädda i snö och stjärnorna lyste extra starkt på himlen. I den skogen bodde en nyfiken ekorre vid namn Emil och hans bästa vän, en snäll liten fågel som hette Fia.

Julen närmade sig, och Emil och Fia kunde knappt bärga sig. De hade hört talas om den mystiska Julnatten då djur fick uppleva något alldeles speciellt. De bestämde sig för att ge sig ut på ett äventyr för att upptäcka vad det handlade om.

På julaftonsmorgon vaknade Emil tidigt och rusade bort till Fias bo. "Fia, det är dags! Vi måste ge oss iväg och uppleva Julnatten," sa han glatt. Fia nickade med en förväntansfull blick och tillsammans började de sin resa genom den gnistrande skogen.

De vandrade djupt in i skogen och mötte många djur på vägen. De träffade en älg som spelade vackra melodier på sitt stora horn, en hare som dansade i snön och till och med en uggla som berättade spännande sagor.

När natten föll, såg de en skymt av något magiskt. Det var ett sken som kom från en glittrande vattenpöl. Emil och Fia gick närmare och såg sina egna reflektioner, men något var annorlunda. De kunde höra varandras tankar och känslor.

Plötsligt hörde de en vacker sång som kom från ovan. De tittade upp mot himlen och såg stjärnorna bilda mönster och dansa i nattens mörker. Det var som om stjärnorna själva berättade en historia om hopp och kärlek.

Emil och Fia insåg att de hade upplevt något alldeles speciellt under den magiska Julnatten. De hade upptäckt att julen handlade om att dela glädje och gemenskap, och att den var full av magi och underverk.

När de återvände hem till skogen, visste de att de hade fått en ovärderlig gåva – minnet av den magiska Julnatten. De somnade med ett leende på läpparna och drömde om de glittrande stjärnorna och de vackra sångerna.

God jul och gott nytt år önskar Emil, Fia och alla djuren i den gnistrande skogen!

Christmas in the Glistening Forest

Once upon a time, in a glistening forest where the trees were adorned with snow and the stars shone extra brightly in the sky, lived a curious squirrel named Emil and his best friend, a kind little bird named Fia.

Christmas was approaching, and Emil and Fia could hardly contain their excitement. They had heard about the mysterious Christmas Night when animals experienced something truly special. They decided to embark on an adventure to discover what it was all about.

On Christmas Eve morning, Emil woke up early and rushed over to Fia's nest. "Fia, it's time! We must set off and experience Christmas Night," he exclaimed joyfully. Fia nodded with an eager look, and together, they began their journey through the glistening forest.

They ventured deep into the forest and encountered many animals along the way. They met a moose playing beautiful melodies on his large horn, a hare dancing in the snow, and even an owl telling captivating stories.

As night fell, they glimpsed something magical. It was a glow emanating from a sparkling puddle. Emil and Fia approached and saw their own reflections, but something was different. They could hear each other's thoughts and feelings.

Suddenly, they heard a beautiful song coming from above. They looked up at the sky and saw the stars forming patterns and dancing in the darkness of the night. It was as if the stars themselves were telling a story of hope and love.

Emil and Fia realized they had experienced something truly special during the magical Christmas Night. They discovered that Christmas was about sharing joy and togetherness, and that it was filled with magic and wonder.

When they returned home to the forest, they knew they had received a priceless gift – the memory of the magical Christmas Night. They fell asleep with smiles on their faces, dreaming of the glittering stars and the beautiful songs.

Merry Christmas and a Happy New Year from Emil, Fia, and all the animals in the glistening forest!

Nisse och Stjärnan som Ville Tända Hela Himlen

Det var en gång i en mysig liten by en bit bort i skogen, där stjärnorna på natthimlen glittrade som diamanter. I den lilla byn bodde en tomte som hette Nisse. Nisse var en glad och hjälpsam tomte som älskade julen mer än något annat. Han var också förtjust i stjärnorna på natthimlen.

Varje kväll gick Nisse ut och tittade på stjärnorna. Han drömde om att finna den allra största och starkaste stjärnan som någonsin funnits. Han hade hört sägner om en sådan stjärna, en stjärna som hade kraften att tända hela himlen med sitt sken.

En frostig vinterkväll, när snön täckte marken som ett gnistrande täcke, gick Nisse ut som vanligt för att titta på stjärnorna. Men den här kvällen var annorlunda. Han såg en lysande stjärna som sken starkare än något han någonsin hade sett. Han visste att detta var den stora stjärnan han hade drömt om.

Nisse bestämde sig för att följa stjärnan. Han tände sin lykta och begav sig ut på en magisk resa genom skogen. Stjärnan ledde honom till olika platser i byn, där han kunde hjälpa de behövande. Han gav mat till hungriga djur, hjälpte en förlorad kanin att hitta hem, och gav värme till en ensam fågel som frös.

Ju mer Nisse hjälpte, desto starkare lyste stjärnan. Han insåg att det var hans goda gärningar som gav stjärnan dess kraft. Han lärde sig att julen handlade om att dela, hjälpa och sprida glädje till andra.

På julafton blev stjärnan så strålande att hela himlen lystes upp. Människor i byn tittade uppåt och kände värmen och kärleken som stjärnan sände ut. De förstod att det var Nisse och hans goda gärningar som hade tänt stjärnan.

Nisse kände sig så lycklig och nöjd. Han visste att han hade hittat den stora stjärnan som kunde tända hela himlen, och han insåg att den stjärnan fanns inom oss alla. Den glöden av kärlek och godhet som vi delar med andra är det som får himlen att lysa.

Och så var det, "Nisse och Stjärnan som Ville Tända Hela Himlen," en berättelse om generositet och kärlek, där Nisse lärde oss att det är våra handlingar och vår omtanke för andra som kan tända den mest strålande stjärnan av alla.

God jul och gott nytt år önskar Nisse och alla i den mysiga byn!

Nisse and the Star That Wanted to Light Up the Whole Sky

Once upon a time in a cozy little village deep in the forest, where the stars in the night sky sparkled like diamonds, lived a gnome named Nisse. Nisse was a cheerful and helpful gnome who loved Christmas more than anything else. He was also fond of the stars in the night sky.

Every evening, Nisse would go outside and gaze at the stars. He dreamt of finding the biggest and brightest star ever. He had heard legends of such a star, a star with the power to light up the entire sky with its radiance.

One frosty winter evening, with the snow covering the ground like a sparkling blanket, Nisse went outside as usual to admire the stars. But this night was different. He spotted a brilliant star shining brighter than anything he had ever seen. He knew this was the great star he had dreamt of.

Nisse decided to follow the star. He lit his lantern and embarked on a magical journey through the forest. The star led him to various places in the village where he could help those in need. He provided food to hungry animals, assisted a lost rabbit in finding its way home, and offered warmth to a lonely, shivering bird.

The more Nisse helped, the brighter the star shone. He realized that it was his good deeds that gave the star its power. He learned that Christmas was about sharing, helping, and spreading joy to others.

On Christmas Eve, the star became so radiant that it illuminated the entire sky. People in the village looked up and felt the warmth and love emanating from the star. They understood that it was Nisse and his acts of kindness that had ignited the star.

Nisse felt incredibly happy and content. He knew he had found the great star capable of lighting up the entire sky, and he realized that this star was within all of us. The glow of love and goodness that we share with others is what makes the sky shine.

And so it was, "Nisse and the Star That Wanted to Light Up the Whole Sky," a tale of generosity and love, where Nisse taught us that it is our actions and our care for others that can ignite the brightest star of all.

Merry Christmas and a Happy New Year from Nisse and everyone in the cozy village!

Lilla Musses Magiska Jul

Det var en gång i en liten skog en bit bort från människornas byar, där de höga granarna täcktes av ett tjockt lager snö. I den lilla skogen bodde en liten mus som hette Mille. Mille var så liten att han knappt kunde nå upp till en julkula, men han hade den största hjärtat av dem alla. Han älskade julen mer än något annat i världen.

Julen närmade sig, och Mille kunde knappt bärga sig. Han älskade att se stjärnorna på natthimlen, de glittrande juldekorationerna och att bygga snögubbar i trädgården. Men det fanns en sak han drömde om mer än något annat – att få uppleva en riktig julnatt med snälla tomtenissar.

En gnistrande vinterkväll satt Mille på sin lilla stol vid fönstret och tittade ut på den kyliga skogen. Han önskade att han kunde vara en del av tomtenissarnas värld, där de gjorde leksaker och förberedde sig för julen. Han var så förväntansfull och hoppades att hans önskan skulle gå i uppfyllelse.

Plötsligt hörde Mille ett svagt, klingande skratt utanför sitt fönster. Han kikade ut och kunde inte tro sina ögon. Där, i trädgården, dansade en grupp glada tomtenissar. De sjöng julsånger och skrattade medan de förberedde julklappar och dekorationer.

Mille kunde inte hålla sig ifrån att gå ut och vara med dem. Han sprang ut i snön och hälsade glatt på tomtenissarna. De välkomnade honom med öppna armar och bad honom att hjälpa till med att dekorera granen och göra små julklappar.

Tillsammans med tomtenissarna hade Mille den mest magiska julnatten någonsin. De sjöng julsånger, berättade sagor, och skapade de mest underbara julklappar. Mille lärde sig att julen handlar om gemenskap, glädje och att dela med sig av sitt hjärta.

När natten var över, tackade tomtenissarna Mille för hans hjälp och önskade honom en god jul. Mille gick tillbaka till sitt lilla hus i skogen med ett stort leende på läpparna. Han visste att han hade upplevt en riktig julnatt och att hans dröm hade gått i uppfyllelse.

På julafton, när Mille tittade upp mot stjärnorna på natthimlen, visste han att han hade haft den mest magiska julen någonsin. Han förstod att det inte spelade någon roll hur liten eller stor man var – julen handlade om att sprida glädje och kärlek till alla omkring sig.

God jul och ett gott nytt år önskar Mille och alla i den lilla skogen!

Little Mouse's Magical Christmas

Once upon a time, in a small forest far away from the villages of humans, where the tall spruce trees were covered in a thick layer of snow, lived a little mouse named Mille. Mille was so tiny that he could barely reach a Christmas ornament, but he had the biggest heart of them all. He loved Christmas more than anything in the world.

Christmas was approaching, and Mille could hardly contain his excitement. He loved watching the stars in the night sky, the sparkling Christmas decorations, and building snowmen in the garden. But there was one thing he dreamed of more than anything else – experiencing a real Christmas night with kind Santa's helpers, the elves.

One sparkling winter evening, Mille sat on his little chair by the window, gazing out at the chilly forest. He wished he could be a part of the world of Santa's helpers, where they made toys and prepared for Christmas. He was filled with anticipation and hoped that his wish would come true.

Suddenly, Mille heard faint, tinkling laughter outside his window. He peeked out and couldn't believe his eyes. In his garden, a group of joyful elves was dancing. They sang Christmas songs and laughed while preparing Christmas gifts and decorations.

Mille couldn't resist joining them. He ran out into the snow and cheerfully greeted the elves. They welcomed him with open arms and asked him to help decorate the Christmas tree and make small gifts.

Together with the elves, Mille had the most magical Christmas night ever. They sang Christmas carols, told stories, and created the most wonderful presents. Mille learned that Christmas was about togetherness, joy, and sharing from the heart.

When the night was over, the elves thanked Mille for his help and wished him a Merry Christmas. Mille returned to his little house in the forest with a big smile on his face. He knew he had experienced a real Christmas night, and his dream had come true.

On Christmas Eve, as Mille looked up at the stars in the night sky, he knew he had had the most magical Christmas. He understood that it didn't matter how small or big you were – Christmas was about spreading joy and love to those around you.

Merry Christmas and a Happy New Year from Mille and everyone in the little forest!

Granen som Ville Göra Julen Speciell

Det var en gång i en snötäckt skog en majestätisk gran som längtade efter att få göra julen alldeles speciell. Granen var hög och ståtlig med tjocka, gröna barr, men han hade en önskan i sitt hjärta - att få vara julgran för de närliggande djuren och skapa en oförglömlig jul.

Granen visste att han behövde förbereda sig för julafton, så han började smycka sig själv med de mest glittrande dekorationerna. Han hängde glänsande bollar, färgglada stjärnor och glittrande ljusslingor på sina grenar. Granen ville vara den mest lysande julgranen någonsin.

Men granen förstod att för att göra julen speciell, behövde han mer än bara fina dekorationer. Han ville skapa en magisk upplevelse för alla djuren i skogen. Så han började tänka på sätt att dela julglädjen.

Granen gick till en damm i skogen och bad om hjälp från gnistrande iskristaller. Han bad dem om att glida ner från trädet och skapa en isbana för djuren att åka på. Iskristallerna var ivriga att hjälpa och skapade en glittrande bana som alla kunde njuta av.

När kvällen kom och djuren samlades runt granen, kunde de inte tro sina ögon. Granen strålade som en stjärna med alla sina dekorationer, och isbanan var redo för att användas. Djuren hoppade på iskristallbanan och åkte fram och tillbaka, skrattade och hade en fantastisk tid.

Granen var så nöjd att han hade kunnat göra julen speciell för djuren i skogen. Han insåg att det handlade om att dela glädje och skapa minnen som skulle vara med dem för alltid.

När julafton var över och djuren gick tillbaka till sina bon, tittade granen upp mot den stjärnklara himlen med ett leende. Han visste att han hade lyckats göra julen oförglömlig, och han var tacksam för att han hade fått chansen att göra det.

The Tree That Wanted to Make Christmas Special

Once upon a time in a snowy forest, there stood a majestic tree that longed to make Christmas truly special. The tree was tall and proud with thick green branches, but it held a desire in its heart - to become a Christmas tree for the nearby animals and create an unforgettable Christmas.

The tree knew it needed to prepare for Christmas Eve, so it began to adorn itself with the most sparkling decorations. It hung shiny ornaments, colorful stars, and glittering string lights on its branches. The tree wanted to be the most radiant Christmas tree ever.

However, the tree understood that to make Christmas special, it needed more than just beautiful decorations. It wanted to create a magical experience for all the forest animals. So, it started thinking of ways to share the joy of Christmas.

The tree went to a nearby pond in the forest and sought help from sparkling ice crystals. It asked them to slide down from the tree and create an ice slide for the animals to enjoy. The ice crystals were eager to help and crafted a glittering slide for everyone to relish.

When the evening arrived, and the animals gathered around the tree, they couldn't believe their eyes. The tree shone like a star with all its decorations, and the ice slide was ready for use. The animals hopped on the ice slide, gliding back and forth, laughing and having a fantastic time.

The tree was delighted that it had made Christmas special for the forest animals. It realized that Christmas was about sharing joy and creating memories that would last forever.

When Christmas Eve was over, and the animals returned to their dens, the tree looked up at the starry sky with a smile. It knew it had succeeded in making Christmas unforgettable and was grateful for the opportunity to do so.

Den Magiska Stjärnan som Räddade Julen

Det var en gång i en tyst liten by där vinterns snö täckte hustaken och en känsla av julmagi låg i luften. I den lilla byn bodde en flicka vid namn Klara. Klara var en nyfiken och vänlig själ som älskade allt med julen, men det fanns en sak som hon längtade mest efter - att se den magiska julstjärnan som skulle lysa upp natthimlen.

Julen närmade sig, och Klara hade hört sagor om den speciella julstjärnan som dök upp varje år. De sa att den var magisk och kunde uppfylla önskningar. Klara kunde inte vänta med att se stjärnan och göra sin allra önskan.

En kylig decemberkväll, när stjärnorna tändes på himlen och byn lyste upp av juldekorationer, gick Klara ut med sin farfar för att leta efter den magiska stjärnan. De vandrade genom byns smala gränder och spanade upp mot natthimlen, men stjärnan syntes ingenstans.

Klara kände sig besviken, men hennes farfar visste hur mycket stjärnan betydde för henne. Han sa: "Klara, låt oss försöka tända vår egen stjärna som kan lysa upp vår natt." De gick tillbaka till sitt hus och började leta efter material.

Tillsammans skapade de en vacker pappersstjärna och fäste den på en pinne. De placerade stjärnan på gården och tände ljus runtomkring den. Stjärnan började glittra som aldrig förr och kastade sitt sken över hela trädgården.

Klara såg stjärnan och visste att den var precis så magisk som de sagt. Hon tänkte på sin önskan, önskade att alla barn runt om i världen skulle ha en glad jul och en trygg natt. När hon öppnade ögonen igen, visste hon att hennes önskan hade gått i uppfyllelse.

Sedan den natten blev Klara och hennes farfar kända i hela byn för att ha tänd den vackraste stjärnan som någonsin skådats. De lärde alla att julen handlade om att dela och ge kärlek till andra.

När julen kom, stod Klara under sin magiska stjärna och kände sig fylld av glädje och värme. Hon visste att även om den riktiga julstjärnan inte alltid är synlig, kan vi alltid skapa vår egen magi och dela kärleken med dem vi älskar.

God jul och ett gott nytt år önskar Klara och hennes farfar, och hela byn strålade i stjärnans sken!

The Magical Star that Saved Christmas

Once upon a time in a quiet little village where winter's snow covered the rooftops, and a sense of Christmas magic filled the air, lived a girl named Clara. Clara was a curious and kind-hearted soul who loved everything about Christmas, but there was one thing she longed for the most - to see the magical Christmas star that would light up the night sky.

Christmas was approaching, and Clara had heard tales of the special Christmas star that appeared every year. They said it was magical and could grant wishes. Clara couldn't wait to see the star and make her dearest wish.

On a chilly December evening, when the stars lit up the sky and the village sparkled with Christmas decorations, Clara went out with her grandfather to search for the magical star. They walked through the village's narrow streets, gazing up at the night sky, but the star was nowhere to be seen.

Clara felt disappointed, but her grandfather knew how much the star meant to her. He said, "Clara, let's try to light our own star that can brighten our night." They returned to their house and began looking for materials.

Together, they created a beautiful paper star and attached it to a stick. They placed the star in their yard and lit candles all around it. The star began to twinkle like never before, casting its glow over the entire garden.

Clara saw the star and knew it was just as magical as they had said. She thought of her wish, wishing that all children around the world would have a joyful Christmas and a safe night. When she opened her eyes again, she knew her wish had come true.

Since that night, Clara and her grandfather became known throughout the village for lighting the most beautiful star ever seen. They taught everyone that Christmas was about sharing and spreading love to others.

When Christmas arrived, Clara stood beneath her magical star and felt filled with joy and warmth. She knew that even if the real Christmas star wasn't always visible, we could always create our own magic and share our love with those we care about.

Merry Christmas and a Happy New Year from Clara and her grandfather, and the whole village shone in the star's light!

Lilla Linas Stora Stund

Det var en gång i en liten svensk by en bit bort från stora städer och glittrande julskyltar. I den lilla byn bodde en flicka vid namn Lilla Lina. Lina var en glad och vänlig själ som älskade vinterns magi och alla saker som hörde till Luciafirandet. Hon längtade efter den speciella dagen, Luciadagen.

Luciadagen närmade sig, och Lina kunde knappt bärga sig. Hon visste att det var en av de mest speciella dagarna på året. Men det fanns en sak som Lina drömde om - att få vara Lilla Lucia, den som bar det gnistrande ljuskronan.

Natten innan Luciadagen kunde hon knappt sova av spänning. Tidigt på morgonen vaknade hon upp, och hennes hjärta slog snabbt av förväntan. Hon klädde på sig sin vita klänning och satte ljusen i ljuskronan. Hon kände sig som den verkliga Lucia.

Lina gick nerför trappan i det tysta huset och väckte hela familjen med sin sång. De följde henne upp till kyrkan, där byns invånare redan samlats för att fira Luciadagen. Lina bar sin ljuskrona med stolthet, och den lyste upp hennes ansikte som en ängel.

I kyrkan sjöng de vackra Luciasånger och tände ljus för att fira ljusets återkomst under den mörka vintern. Lina kände sig som den mest speciella personen i hela byn, och alla log mot henne.

Efter firandet gick Lina och hennes familj hem och delade ett festligt julbord. De pratade om Luciadagen och dess betydelse.

Lina insåg att Luciadagen handlade om att sprida ljus och glädje till andra, precis som hon hade gjort med sin sång och sin ljuskrona.

När kvällen kom och Lina lade sig att sova, var hennes hjärta fyllt av lycka. Hon hade fått vara Lilla Lucia och sprida ljus och värme till sin by. Hon visste att Luciadagen var en dag att minnas och att ljuset alltid skulle komma tillbaka, även i de mörkaste vinterkvällar.

God Luciadag och en fröjdefull vinter önskar Lilla Lucia och hela byn!

Little Lina's Grand Moment

Once upon a time in a small Swedish village far away from big cities and glittering Christmas displays, lived a girl named Little Lina. Lina was a cheerful and kind-hearted soul who adored the magic of winter and everything associated with the Lucia celebration. She eagerly awaited the special day, Lucia Day.

Lucia Day was approaching, and Lina could hardly contain her excitement. She knew it was one of the most special days of the year. But there was one thing Lina dreamt of – to be Little Lucia, the one who wore the sparkling crown of candles.

The night before Lucia Day, she could hardly sleep from anticipation. Early in the morning, she awoke, and her heart raced with excitement. She dressed in her white gown and placed the candles in the crown. She felt like the real Lucia.

Lina descended the stairs in the quiet house and woke her whole family with her song. They followed her to the church, where the village residents had already gathered to celebrate Lucia Day. Lina carried her crown of candles with pride, and it illuminated her face like an angel.

In the church, they sang beautiful Lucia songs and lit candles to celebrate the return of light during the dark winter. Lina felt like the most special person in the entire village, and everyone smiled at her.

After the celebration, Lina and her family returned home and shared a festive Christmas meal. They talked about Lucia Day and its significance. Lina realized that Lucia Day was about spreading light and joy to others, just as she had done with her singing and her crown of candles.

When evening came and Lina went to sleep, her heart was filled with happiness. She had been Little Lucia and had spread light and warmth to her village. She knew that Lucia Day was a day to remember and that light would always return, even on the darkest winter nights.

Happy Lucia Day and a joyful winter from Little Lucia and the entire village!

Lilla Tomtes Julräddning i Stockholm

———

Det var en gnistrande vinterdag i Stockholm, den vackra huvudstaden i Sverige, och julafton var bara några dagar bort. Alla i staden var upptagna med att förbereda sig för julen - julklappar inpackade, granar pyntade och julmaten förberedd. Men något var fel. Lilla Tomte, den minsta tomten av dem alla, var försvunnen!

Tomtar i hela Stockholm letade högt och lågt, men ingen kunde hitta Lilla Tomte. Hans vänner var oroliga och visste att de måste göra något. De bestämde sig för att följa spåren av glittrande stjärnor som de visste skulle leda dem till Lilla Tomte.

Spåren ledde dem genom Stockholms vackra gator, över glittrande vattendrag och in i Gamla Stan. Där, mitt i det gamla stadsdelen, hörde de ett svagt skratt. Det var Lilla Tomte som satt på en trapp och såg ledsen ut.

Lilla Tomte hade förlorat sin mössa, den magiska mössan som gjorde att tomten kunde göra gåvor och sprida julglädje. Han hade letat överallt utan framgång, och nu kände han sig så nedslagen.

Hans vänner tröstade honom och sa att de skulle hjälpa honom hitta mössan. Tillsammans letade de i hela Gamla Stan. De gick till julmarknaden där de tittade på gnistrande julprydnader och doftade på nybakade pepparkakor. De gick till Kungsträdgården och åkte skridskor på isbanan. Men ingen mössa syntes till.

Till sist, precis när de nästan gett upp, hörde de ett skratt ovanför dem. Det var en snäll duva som hade hittat Lilla Tomtes mössa och tagit den med sig till sitt bo. Duva gav tillbaka mössan till Lilla Tomte, och hans ögon lyste av glädje.

Nu var Lilla Tomte redo att sprida julglädje i hela Stockholm. Han satte på sig sin magiska mössa och tillsammans med sina vänner delade de ut små julklappar, sjöng julsånger och skapade värme och glädje över hela staden.

På julafton samlades alla i Stockholm på Stortorget i Gamla Stan för att fira tillsammans. De visste att det var Lilla Tomte och hans vänners kärlek och hjälpsamhet som gjorde julen så speciell.

God jul från Stockholm och Lilla Tomte!

Little Tomte's Christmas Rescue in Stockholm

It was a sparkling winter day in Stockholm, the beautiful capital of Sweden, and Christmas Eve was just a few days away. Everyone in the city was busy preparing for Christmas - presents wrapped, trees decorated, and holiday meals planned. But something was wrong. Little Tomte, the tiniest elf of them all, was missing!

Elves all over Stockholm searched high and low, but no one could find Little Tomte. His friends were worried and knew they had to do something. They decided to follow the trails of glittering stars that they knew would lead them to Little Tomte.

The trails led them through the beautiful streets of Stockholm, across glistening waterways, and into the Old Town. There, in the heart of the historic district, they heard faint laughter. It was Little Tomte sitting on a step, looking sad.

Little Tomte had lost his hat, the magical hat that allowed elves to make gifts and spread Christmas joy. He had searched everywhere without success, and now he felt so down.

His friends comforted him and said they would help him find the hat. Together, they searched all over the Old Town. They went to the Christmas market, where they admired sparkling holiday decorations and smelled freshly baked gingerbread cookies. They went to Kungsträdgården and skated on the ice rink. But the hat was nowhere to be found.

Finally, just when they were about to give up, they heard laughter from above. It was a kind dove that had found Little Tomte's hat and brought it to her nest. The dove returned the hat to Little Tomte, and his eyes lit up with joy.

Now, Little Tomte was ready to spread Christmas joy throughout Stockholm. He put on his magical hat, and together with his friends, they gave out small Christmas gifts, sang carols, and created warmth and happiness all over the city.

On Christmas Eve, everyone in Stockholm gathered at Stortorget in the Old Town to celebrate together. They knew it was Little Tomte and his friends' love and kindness that made Christmas so special.

Merry Christmas from Stockholm and Little Tomte!

Niklas Nalles Juläventyr

Det var en kall och snöig dag i en liten by där alla förberedde sig för den mest magiska dagen på året - julafton. Barnen byggde snögubbar, dekorerade granar, och överallt kunde man höra glada skratt.

I den lilla byn bodde en speciell björn som hette Niklas Nalle. Niklas Nalle var inte som de andra björnarna. Han hade en alldeles egen superkraft. När han kramade någon, kände de sig varma och glada inuti.

Niklas Nalle älskade julafton mer än något annat. Han hade en särskild uppgift den kvällen. Han skulle hjälpa barnen att känna sig extra lyckliga genom sina varma kramar.

På julaftonsmorgonen klädde sig Nisse Nalle i sin finaste halsduk och gick ut i snön. Han träffade barnen när de lekte i parken och kramade dem en efter en. Omedelbart fylldes de med en känsla av värme och glädje.

Niklas Nalle fortsatte att krama barnen när de gick hem till sina familjer för att fira jul. Han besökte även äldre människor i byn och kramade dem, och de kände sig unga och glada igen.

När natten föll och stjärnorna tändes på himlen, samlades alla i byn för att fira tillsammans. Barnen berättade historier om Niklas Nalles varma kramar, och de äldre tackade honom för att ha gett dem en oförglömlig jul.

Niklas Nalle tittade upp mot stjärnorna och visste att han hade gjort en viktig uppgift den kvällen. Han hade spridit glädje och kärlek till alla i byn, och det var den bästa julklappen han någonsin kunde ge.

God jul önskar Niklas Nalle!

Teddy Bear Niklas's Christmas Adventure

It was a cold and snowy day in a small village where everyone was preparing for the most magical day of the year - Christmas Eve. Children were building snowmen, decorating trees, and everywhere you could hear joyful laughter.

In the small village lived a special bear named Teddy Bear Niklas. Teddy Bear Niklas was not like the other bears. He had a unique superpower. When he hugged someone, they felt warm and happy inside.

Teddy Bear Niklas loved Christmas more than anything else. He had a special task that evening. He would help the children feel extra happy with his warm hugs.

On Christmas Eve morning, Teddy Bear Niklas dressed in his finest scarf and ventured out into the snow. He met the children as they played in the park and hugged each one. Instantly, they were filled with a sense of warmth and joy.

Teddy Bear Niklas continued to hug the children as they went home to their families to celebrate Christmas. He also visited the elderly people in the village and hugged them, and they felt young and joyful again.

As night fell and the stars lit up the sky, everyone in the village gathered to celebrate together. The children told stories about

Teddy Bear Niklas's warm hugs, and the elderly thanked him for giving them an unforgettable Christmas.

Teddy Bear Niklas looked up at the stars and knew he had accomplished an important task that evening. He had spread joy and love to everyone in the village, and it was the best Christmas gift he could ever give.

Merry Christmas from Teddy Bear Niklas!

Rudolfs Juläventyr

Det var en gång i den djupa snön i Nordpolen, där en speciell liten ren bodde vid namn Rudolf. Rudolf var inte som de andra renarna i renhjorden. Han hade en alldeles speciell egenskap - näsan lyste rött som en glödlampa!

Varje år när julen närmade sig, blev de andra renarna upptagna med att träna och förbereda sig för att dra jultomtens släde. Men Rudolf visste att han inte riktigt passade in. Hans lysande röda näsa skrämde de andra renarna, och han blev ofta mobbad.

En dag kom jultomten till renhjorden med ett stort leende. Han behövde hjälp med att lysa upp den mörka natten på julafton, och han visste precis vem som kunde hjälpa honom. Jultomten bad Rudolf om hjälp och frågade om han ville leda renhjorden den kvällen.

Rudolf kände sig överväldigad av lycka och tackade glatt ja. Han visste att detta var hans stora chans att bevisa sig själv och visa de andra renarna att han var speciell på sitt eget sätt.

På julafton kunde Rudolf knappt bärga sig. Han klev framför renhjorden, och hans lysande röda näsa sken så starkt att den kastade ett varmt sken över hela himlen. Barn över hela världen tittade upp och såg Rudolfs röda näsa som en stjärna.

Rudolf ledde renhjorden över hustak och snötäckta fält, och de levererade julklappar till alla snälla barn. Hans lysande näsa lyste vägen, och alla var trygga och glada.

När de återvände till Nordpolen, var de andra renarna imponerade och tackade Rudolf för att han hade räddat julen. Rudolf förstod att det var okej att vara annorlunda och att det var just hans unika egenskap som gjorde honom speciell.

Och så var det, "Rudolfs Juläventyr," en berättelse om att vara stolt över sin egen unikhet och att hitta sin plats i världen. Rudolf lärde oss att det är okej att vara annorlunda och att det är just det som gör oss speciella.

God jul från Rudolf och hela renhjorden!

Rudolph's Christmas Adventure

Once upon a time in the deep snow of the North Pole, there lived a special little reindeer named Rudolph. Rudolph was not like the other reindeer in the reindeer herd. He had a very special feature - his nose shone bright red like a light bulb!

Every year as Christmas approached, the other reindeer got busy with training and preparing to pull Santa's sleigh. But Rudolph knew he didn't quite fit in. His glowing red nose frightened the other reindeer, and he was often teased.

One day, Santa Claus came to the reindeer herd with a big smile. He needed help lighting up the dark night on Christmas Eve, and he knew exactly who could help him. Santa asked Rudolph for help and inquired if he wanted to lead the reindeer that night.

Rudolph felt overwhelmed with joy and gladly accepted. He knew this was his big chance to prove himself and show the other reindeer that he was special in his own way.

On Christmas Eve, Rudolph could hardly contain his excitement. He stepped in front of the reindeer herd, and his glowing red nose shone so brightly that it cast a warm light across the entire sky. Children all over the world looked up and saw Rudolph's red nose like a star.

Rudolph led the herd over rooftops and snow-covered fields, delivering presents to all the good children. His luminous nose lit the way, and everyone was safe and happy.

When they returned to the North Pole, the other reindeer were impressed and thanked Rudolph for saving Christmas. Rudolph understood that it was okay to be different and that it was his unique feature that made him special.

And so it was, "Rudolph's Christmas Adventure," a story about being proud of your uniqueness and finding your place in the world. Rudolph taught us that it's okay to be different, and that's what makes us special.

Merry Christmas from Rudolph and the whole reindeer herd!

Katten Kalle och Julens Stora Hemlighet

Det var en kall och snöig december i en mysig liten by. Alla förberedde sig för julen, och det fanns en kittlande spänning i luften. I byn bodde en liten katt vid namn Kalle. Kalle var nyfiken och älskade äventyr, men han hade alltid undrat vad julens stora hemlighet egentligen var.

Kalle var inte som de andra katterna. Han älskade att utforska, och han var alltid redo att hitta på något bus. En dag när snön föll tätt och alla var upptagna med sina förberedelser, bestämde sig Kalle för att ge sig ut på ett äventyr.

Han smög sig ut genom kattluckan och begav sig ut i den gnistrande vintern. Han hoppade över snödrivor och utforskade den vita världen. Han följde spåren av små djur och tittade upp mot de glittrande stjärnorna på natthimlen.

Efter en lång vandring hamnade Kalle i skogen. Där träffade han en äldre katt vid namn Isabella. Isabella hade kloka ögon och ett varmt leende. Kalle frågade henne om julens stora hemlighet.

Isabella viskade något i Kalles öra som ingen annan katt visste. Hon berättade att julens stora hemlighet var att det handlade om att ge och dela med sig av kärlek och värme till dem man älskar.

Kalle kände sig uppfylld av lycka och tackade Isabella. Han visste nu vad julen handlade om. Han gav Isabella en varm kram och begav sig tillbaka hemåt, redo att dela julens kärlek med sin familj.

När han kom tillbaka till byn, fann han sina ägare som satt framför den sprakande brasan och tittade på stjärnorna. Kalle kände sig tacksam för sin familj och kröp upp i deras knä. Han delade med sig av sin värme och kärlek till dem.

På julafton samlades alla i byn för att fira tillsammans. Kalle insåg att julens stora hemlighet var den värme och kärlek man delade med sina nära och kära. Det var en hemlighet som fyllde hjärtan med glädje och gjorde julen magisk.

God jul önskar Kalle!

Charlie the Cat and the Great Christmas Secret

It was a cold and snowy December in a cozy little village. Everyone was getting ready for Christmas, and there was an exciting anticipation in the air. In the village lived a little cat named Charlie. Charlie was curious and loved adventures, but he had always wondered what the great secret of Christmas really was.

Charlie was not like the other cats. He loved to explore, and he was always ready for some mischief. One day, when the snow was falling heavily, and everyone was busy with their preparations, Charlie decided to embark on an adventure.

He sneaked out through the cat flap and ventured out into the glistening winter. He leaped over snowdrifts and explored the white world. He followed the tracks of small animals and gazed up at the glittering stars in the nighttime sky.

After a long journey, Charlie found himself in the forest. There, he met an older cat named Isabella. Isabella had wise eyes and a warm smile. Charlie asked her about the great secret of Christmas.

Isabella whispered something in Charlie's ear that no other cat knew. She told him that the great secret of Christmas was about giving and sharing love and warmth with the ones you care about.

Charlie felt filled with happiness and thanked Isabella. He now knew what Christmas was all about. He gave Isabella a warm hug and headed back home, ready to share Christmas love with his family.

When he returned to the village, he found his owners sitting by the crackling fireplace, looking at the stars. Charlie felt grateful for his family and snuggled up in their laps. He shared his warmth and love with them.

On Christmas Eve, everyone in the village gathered to celebrate together. Charlie realized that the great secret of Christmas was the warmth and love shared with your loved ones. It was a secret that filled hearts with joy and made Christmas magical.

Merry Christmas from Charlie!